JN411133

사랑이거나 다른 종이거나

이윤승 시집

문학의전당 시인선
350

사랑이거나 다른 종이거나

이윤승 시집

문학의전당

시인의 말

나도 모르는 곳에 나를 놓아두고
지구를 몇 바퀴이나 돌았다.

서면 보이지 않고
앉으면 비로소 보이던

젖은 풀잎의 행간을 지나온 바람, 다시 돌아보니
다 길이었다.

2022년 5월
이윤승

차례

제2부

제3부

제4부

제1부

마르코 폴로 산양

티베트 고산지대를 오르내리던 마르코 폴로 산양 새끼가 무리에서 이탈을 했다. 고원을 혼자서 터벅터벅 걷다가 털썩 주저앉는다. 다시 일어서지 못한다. 무리에서 이탈은 죽음을 예감하기 때문이라는데, 엷은 갈색의 몸. 목을 꼿꼿이 세우고 눈을 둥그렇게 뜬 채 하늘만 바라보고 있다.

어느 마지막 날이 그러하듯 하늘을 바라보는 일이란,
어미 없이 세상을 살아가야 하는 일이란,

벽도 창공이 될 수 있다고 못은 생각했다

머리통이 견고한 못은
노래가 되지 못한 노래를 부르며 단련되었다

꽉 조이며 맞물리던 시간에서
못은 얼마나 단련되며 길들여졌나

흰 벽을 우듬지라 믿으며
걸어놓은 빨간 모자가 열매인 줄 알고 쪼아 먹으며
후렴구가 모두 같은 노래를 부르며
웅덩이 빗물처럼 벽 안에 고여 있었다

고여 있는 물이라는 생각을 잊고
흐르는 물처럼 때로는 경전처럼
명상의 자세로 앉아 있으면 벽이 창공이 될 수 있을까

자목련 서 있는 꽃밭으로 눈길이 간다
나무 어깨에 이마에 박힌 자줏빛 꽃송이들
바람이 망치질을 할 때마다

나무를 빠져나온 꽃잎들
날개를 파닥이며 새처럼 창공으로 날아간다

먼 눈빛으로 사람들이 벽이라 느낄 때
못은 꽃잎처럼 날개를 펴고 창공으로 그 너머로
마음껏 날아가고 있는 것이다

네가 햇살이 될 때까지

하루의 차례를 읽고 있습니다
서문은 음표에 관한 내용이에요

나무의 뭉툭한 푸른 귀를 다듬어서
햇살이 걸어오는 쪽에 걸어둡니다

계절을 건너온 초록 기운이
남쪽 섬을 한 바퀴 돌아 산허리에 닿았습니다

아침 숲을 흔들고 있는
섬휘파람새 높은음은 어떤 의미일까요

구겨진 악보를 펼칩니다
떠다니는 낮은음자리들

지난날의 절망을 지우고 미안함을 지우고
아름다운 노래가 될 때까지 기다립니다

낮은음이 라음으로 발랄해집니다
어둑한 골목이 다 환해질 거예요

떠돌던 시간들이
겹겹의 꽃잎처럼 깊어질 것입니다

백 년 후

벽 안에 갇힌 채
어둠을 단물처럼 음미하면서 단련되었다
단련된다는 것은 콘크리트의 이빨이 다 빠지도록
살아내는 것이다

비명을 끌어안은 나뭇등걸처럼
그는 전생의 어느 망치로 살았길래
지금은 되돌려져 못이 되었나

녹슨 시간들이 벽 안에 실핏줄처럼 번져 있다
오도 가도 못했다는
그림자 같은 말만 하고 있다
벽 안의 소심한 주관자임을 자백하고 있다
저 벽을 들어 올릴 수는 없을까

백 년 후쯤
벽이 바스러져 조금씩 가루로 흩날릴지도 모른다
언젠가는 콘크리트 같은 단단한 벽을 돌다리처럼

딛고 건너는 날이 올지도 모른다

오지 않을 시간일지라도
허방이라 해도 기다릴 것이다
확률은 낮겠지만
이미 너무 늦었지만

사랑이거나 다른 종(種)이거나

곤히 잠든 밤마다
돌아오지 않을 사랑에 대해 생각했다

이미 도착한 별빛을 찾아 떠났다
서로 다른 식물의 종이 따라왔다

고인 물처럼 정박당한 시간, 뒤척거리는 새
마네킹처럼 심장을 응시하며 자지도 않고 길바닥으로
소리를 흘려보낸다

아침이 되어도 돌아오지 않은
주소를 잊어먹은 아비를 기다리는 것일까
입 안에 이팝나무 꽃 한 줌을 넣어주던 어미도
이미 돌아오는 길을 잊어먹은 모양이다

구석에 웅크리고 앉아 죽은 적 없는 것처럼 떠 있는
아비 구름 어미 구름을 볼 때마다
먼 행성의 불빛들이 밤마다 찾아왔다

희미해진 옛집을 생각했다

적요한 흰 초승 낮달
바깥이 어두운 내면들
주파수가 다른 소리의 파장을 들으며
이틀째 같은 속도로 비가 내린다
뒤꿈치를 보니 어제 죽은 햇살의 다른 종이다
공중에서 길을 잃은 비문 같은 떠돌이 구름 몇 장 초대장에
새겼다

나는 늘 알 수 없는 존재를 사랑하곤 했다
문장이 완성되지 않았다

문장의 적요

쌀가루 같은 흰 꽃잎 몇 줌,
칠월의 베릿내* 앞바다에 뿌려졌다

노을의 지층*이었을까
저곳이 화엄세상 아니겠냐고

언젠가 우리 가야 할 길이라고
뚜벅뚜벅 먼저 걸어간 발자국을 본다

하얀 꽃잎 심어진 앞바다를 하염없이 바라보곤 했을
광명사 새벽 종소리 들려오면
서늘한 잠에서 깨어난 하얀 꽃잎이
못다 쓴 문장을
적요의 필설로 푸른 물결 위에 풀어놓곤 할 것이다
허리 꼿꼿이 세우고
지금쯤 어느 바람결로 바닷길 내시는지

흰 초승 낮달

무너진 그늘을 다 건너야 한다

---

*별이 내리는 냇가.

*고 정군칠 시인의 시 제목.

붓

둥근 나무통 안에서
물구나무서기를 하고 있다

털은 가라앉고
목덜미는 여위었다

목을 세워 머리를 들고
가만히 허공을 바라본다

내딛을 수 있는 길이
어딘가 분명 있을 것이다

오직 한 획을 위해
기다림을 떨쳐내야 한다

저녁노을

그대 가는 길이 붉다
서쪽으로 가는 당신의 얼굴을
오래 바라볼 수는 없는 일

희미한 나를 떼어내고
당신이 등을 보일 때

탑동 바다는 하얀 물결의 비늘을 세우고
쓸쓸한 음계로 밀려간다

하늘 끝
한여름 붉은 칸나의 목마름으로 환생하는가

서쪽 멀리
당신이 등을 돌리고 걸어가고 있다

옷의 사유

벽에 액자처럼 걸려 있습니다
몸뚱이가 흘린 허물이라고 자책합니다
어떻게 당당할 수 있을까 생각하다가
홀로 서고 싶다고 갈망합니다
시간을 잘 보내야 한다고
사막에서도 꽃은 핀다고
세상에 없는 표정을 지어봅니다
무료한 시간일 때면
명상의 자세를 취해 보다가
방 안 구석구석 돌아보기도 하다가
막막해지기도 하다가
평생 털옷 한 벌로 사는
방을 같이 쓰는 백구의 처지를 생각합니다
먼지 쌓인 호주머니를 뒤집어 봅니다
뜬구름 같은 희망을 새기곤 했을
죽은 복권 몇 장 구겨져 있습니다
부활을 믿은 적은 없지만
해 뜰 날을 성자처럼 생각하며 삽니다

닳은 소매 끝을 가만히 들여다봅니다
여기저기 시간의 흔적이 쌓여 있습니다
아프다는 말 대신 노래를 부르고 싶습니다 철없이
나도 알 수 없는 텅 빈 미소를 지으며
코끼리처럼 초원을 걸어가고 싶습니다

휘파람

오후 내내 생각했다
도착하지 못한 휘파람들은
구석이나 길바닥에 붙어 있기도 하고
몇 겹의 지층 아래 갇히기도 하지만

잘 도착한 휘파람은 구름에 얹어져서
지구 곳곳을 다 돌아본 후 사생되거나 빛이 되기도 한다
나무도 새의 휘파람을 잘 받아 간직해야 음의 영혼이 깃든다

휘파람의 음감을 어디에도 새길 수 없었던,
그 내연의 통증으로 나는
이해할 수 없는 책을 몇 질이나 더 읽었다

비가 내리는 날이면
떨어지는 비의 각도에 대해 기록하는 습관이 생겼다
멀리서 습한 비의 냄새를 맡고 있으면
바람의 간이역 같은 쓸쓸한 역사에 닿곤 한다

오래전 누군가 우연히 불렀을 첫 휘파람이
내 몸 어딘가를 떠돌고 있었구나
나도 모르게 핏줄 어디쯤 가두어 두었구나

휘파람을 분다
출구를 잃었던 말들이
구겨져 있던 뒷면의 낱말들이 따라 일어선다

남쪽 섬

징검다리를 건너는 일은
누군가는 뛰어 건너야 하고 또 누군가는
한 걸음씩 서서히 건너가야 한다

섬을 풍경으로 나는
느티나무처럼 오래도록 느리게 서 있다

마당가 산수유 가지에 쳐놓은
코 빠진 거미줄을 바라본다
부딪혀 엉긴 날개
누가 밤의 발을 닦아 아침을 건네줄 것인가

시간 속으로 건너가는 일은
해묵은 씨앗의 날개를 끌어안고 사는 일
물의 혓바닥을 자주 만져보는 일
자수로 짠 천의 꽃밭처럼
표정 없이 오래 피어 있는 일

누군가 고래 등에 묶어 보냈던
오래된 편지가
모래 무덤 속에서 발견되었다는 기사를 읽는다

아직 남쪽 섬에 닿지 못한
나의 옛 편지가
새벽 별빛처럼 희미해진다
그 섬에서 오래도록 살고 싶었다

방향이 다를 뿐

오래 씹을수록 좋다고 한다
좋은 침을 만들기 위해선 잘 씹어야 한다
씹지 않으면 이빨의 기능이 약화될 수도 있으니까

바람 불어와 나뭇잎 흔들린다
하고 싶은 말 꼭 해야 하는
친절한 당신 옆에서 흔들린다

자연스러움을 잃어버려서
소처럼 되새김할 수 있는 네 개의 위장이 없어서
눈에 들어오지 않은 책을 보고 있다

씹을수록 건강해진다는 너머로 걸어간다
너머가 알 수 없어질 때마다
시작이 반이면 반은 읽은 것이라고
커피가 달지 않고 적당히 맛있다고 감정 빼고 말한다

뱉어내는 타액이 약이 될 때도 있지만

독이 되기 십상이어서
제대로 알고 적당히 씹어야 하고
씹을 걸 제대로 씹어야 한다

친절하던 바람이 갑자기 방향을 틀고
흰 구름이 안면에 홍조를 띠고
고개를 푹 숙인 채 작은 발걸음을 떼며
오른쪽 방향으로 걸어간다

해국 2

물때가 궁금해 도착한 종달리 바닷가 세상의 중심은 외딴 섬 보다 더 고독한 것이어서, 몸을 낮춘 女子 앞에선 바닷가 바람도 마음을 낮추어 지나곤 한다. 집 나온 지 오래됐어요. 이 년이 넘었어요. 올 추석에도 돌아가지 않을 거예요.

아침 일찍 물때에 맞춰 잠을 깨는 女子 바닷가 작은 집 덜컹거리는 창가에서 망연히 먼 수평선을 바라보는 女子 지나간 계절에게 꽃의 자세를 묻는 女子 왜 바닷가로 오게 되었는지 갯바위가 어떻게 곁을 내주었는지 女子 앞에선 파도의 혀가 왜 부드러운지, 사뭇 그 연유가 궁금해진다.

연보랏빛 모자를 꾹 눌러쓰고
바닷가에 길을 내는
나와 나 사이, 수평선과 그 너머의 행간을 女子처럼
침묵으로 오랫동안 바라보고 있었다.

제2부

솔꽃

담장 밑 빈터에 솔뿌리 몇 포기 심었다

솔은 꽃 피는 시기가 제일 맛있다고 둘째 언니가 엄마처럼 말했다 지방마다 다른 이름을 갖고 있는 솔* 어린 날 솔밭 가에 기르던 흰 개를 묻었다 우리 집은 개가 성하지 않는다고 다시는 키우지 않겠다던 엄마의 쓸쓸한 마음도 함께 묻혀 있는 언덕배기 작은 솔밭 그때부터 하얀 솔꽃은 백구의 영혼처럼 느껴지기도 했다 엄마는 아궁이에서 제 생을 다 태운 나무의 부드러운 재를 퍼다가 솔밭에 뿌려주곤 했다 가장인 엄마의 머리엔 늘 흰 수건이 얹혀 있었다 밭에 간 엄마가 돌아오지 않은 저녁 무렵이면 무쇠솥에 보리쌀을 안친 다음 한쪽에 쌀을 얹어 밥을 했다 묵직한 검은 솥뚜껑을 열면 쌀이 솔꽃처럼 하얗게 피어 있었다

간밤 흐드러지게 피었던 은하 꽃들이 지상으로 떨어졌다
솔꽃 피었다

---

*부추.

사과

칼끝을 겨눈다
심장 부근이다
드러나는 탐스러운 속살
반에서 반을 자르고 다시 반을 자르고
눈에 쉽게 뜨이지 않도록 안쪽에 두고 애착했을
다부진 씨앗마저 도려낸다
생명을 품고 있던 한 덩어리 우주가
칼자루를 쥔 나에게 간단히 해체되었다
사과의 일생이 몇 조각으로 압축되었다
짧은 시간 나는
지구본처럼 둥근 내면 구석구석을 음미하며
살아온 날의 반성도 없이
상큼하고 달달한 사과의 살 냄새를 만끽했다
이런 날을 위해 한 붉은 우주는
따가운 햇살 거친 바람을 견디며
오롯이 한 생을 걸어온 것인가
자기 몸처럼 저를 아끼고 사랑했을
늙고 거친 손길을 생각하기도 하며

분홍 꽃 어린 시절에 아슴아슴 젖기도 하며
그리운 들판 고향집 언덕을 생각했을지도 모른다
지난날 누구에겐가 잊고 지냈던
사과를 떠오르게 하는 붉은 소우주
서산으로 가는 쓸쓸한 시간을 지나서
다음 봄을 흔들며 분홍 꽃 피울 것을 믿는다

나무 시계

나무막대기가 비스듬히 꽂혀 있다
정오 쪽으로 방향을 바꾸면
가고 싶은 태평양에 도착할 수 있을까
시간을 채운 다음 뚜껑은 닫는 걸까 여는 걸까
다음 순서에 대해 생각하다가
어두운 골목이 쭈뼛해지지 않도록
불빛이 꼬리를 더 늘려야 한다고
지금은 까맣게 굳은 딱지지만
떼어내고 보면 새살이 돋아나 환해질 거라고
멸종 위기의 식물이나 동물이 걸어 나올 수 있을 때까지
내가 걸을 수 있을 때까지 걸어가고 싶어서
이런 뻔한 생각을 하면 더 쓸쓸해져서
백 년 전 오늘 날씨를 읽었다
막대기, 태평양, 뚜껑, 목련
도대체 낯선 이 조합이 어떻게 어우러져서 꽃을 피울 수 있을 것인가
태평양으로 가는 방향을 모르는 척 막무가내 서 있으면
다 용서되는 것이냐고

그래도 구차한 변명들이 목련 꽃송이로 피어나고
뚜껑이 열리고 햇살이 길게 꽂히기를 기다린다
조금 늦을 수도 있겠지만
태평양에 잘 도착할 것이다
나무 시계가
빗금 친 제 그림자를 방향처럼 짚고 길게 서 있다

아버지가 자라고 있다

본 적 없는 식물을 심었다
그 후부터 나는 기다린다
돌아오지 않을 아버지를
사라진 생각들의 이름이 좀처럼 지워지지 않는다
나를 버려다오, 아버지가 촛불처럼 흔들리며 말한다
희미해진 아버지 얼굴에 손을 얹으며
내 피가 바람의 피였구나 생각한다, 아버지를 들추며
모래 무덤 속으로 발을 거두는 구름
아버지의 아버지를 본 적은 없지만
염색체를 재생하곤 하는 잘린 나무의 밑동을 보면 알 수 있을 것 같다고
구름에게 말을 건넨다 그때마다
나는 하늘을 짚고 서 있는
식물의 숨구멍을 생각했다
지도 위에 구름이 떠다닌다
부활을 꿈꾸고 있는 구름에게 발톱을 붙여주었다
하늘을 훌겨보던 손톱을 자주 깨물던 소녀가 꽃집 앞을 지나 선착장에서

평평한 바다 끝 무덤을 바라본다
오래전 버려져서, 잊힌 아버지가 쓰이지 않는 말을 하며
본 적 없는 식물처럼 자꾸 자라고 있다

하루의 장례식

사라지는 것들은 모두 오늘을 닮았다
만년설에 박혀 있는 기호들이 흘러내린다
수천 년 빙하의 내력이 바다 속 깊이 수장된다
내일쯤 북대서양을 떠나 파미르 고원 지나 비단길을 걷다가
천 년 전을 기다리다가
누군가 소리보다는 울음에 가깝다고 고백처럼 말하기도 했지만
신경 쓰지 않았다 햇살에 버무린 독이 싹을 틔운다
질주의 본능은 화분 속 뿌리에 있다고 소리치고 싶었다
바오바브나무 영령이 쓴 유서를 메일로 받았다
수상한 꼬리만으로는 증거가 될 수 없다
공감하지 않는데도 종일 뛰어내리는 물의 발굽들
시멘트 바닥을 두드리고 맨홀 속으로 빨려들어 간다
언젠가 대양에 닿을 것이다 아픈 발톱을 보면 알 수 있다
허공에 걸려 있는 무표정들 때로는 불안하게 때로는 성자처럼
레시피를 점검하고 오늘을 도마 위에 올린다
해체 비법은 공개되지 않을 것이다

자주 불편했던 오늘을 죽여 만년설에 묻었다 언젠가
유빙으로 떠돌다가 흔적 없이 사라질 것이다
반성보다는 불온한 마음으로 장례식장에 도착했다
내가 낯설어질 때마다
별이 되고 싶은 까만 씨앗을 허공에 심었다
간빙기 때의 별 이론은 재해석되어야 한다
내일과 어제가 꼭짓점에서 만난다는 명제를 잊고
오늘을 떠나보냈다
천 년 전 서쪽으로 간 계절의 여정을 바람에게 물었다

예덕나무 앞에서

숲길을 걸으며, 집을 그릴 때는 왜 꼭 지붕을 먼저 그리는 것일까 생각해본다 그것은 텅 빈 우주에게 누추한 정수리를 보이지 않기 위해서가 아닐까 갸웃해 보다가, 이것은 예덕나무와는 별개의 일이다

뭉클뭉클한 흰 꽃 지붕 아래 이파리들이 푸른 창문을 열고 손 흔들어준다 너는 많이 낯익다 말했다 나는 처음인 것처럼 호기심 가득 찬 두 살 아이처럼 하얀 꽃집 앞에서 걷고 넘어지고 걷다가, 이 또한 예덕나무와는 별개의 일이다

이파리를 엮어 지붕을 완성한 파란 대문 집 문득 예덕나무도 풀도 돌멩이도 나도, 모두 허공이라는 지붕을 떠받치고 있는 우주의 단단한 기둥이라는 생각이 드는, 예덕나무 서 있는 해 기우는 교래리 곶자왈 길

슬픔을 말아 먹었다

오빠는 엄청 큰 파월선을 타고 맹호부대 군가를 부르며 손을 흔들며 월남으로 갔다. 몇 달 뒤 엄마의 꿈은 풍비박산이 났다. 혼자 키운, 남편처럼 의지했던 아들이었다.

이상한 흐느낌 같은 기척에 자다가 자주 눈을 떴다. 오빠도 오빠지만 엄마의 아픔이 더 아팠다. 아무 생각도 하고 싶지 않았다. 그때 나는 열세 살이었다. 엄마는 먼 곳을 응시하다가 물에 만 밥을 꾸역꾸역 먹곤 하였다. 오빠가 밟고 지나갔을 박살난 엄마의 꿈 조각이 박혀 있을 것 같은, 그 땅에 꼭 한 번 가고 싶었다.

전쟁이 치열했다던 중부지역 호이안. 엄마가 꿈에서라도 서성거렸을 거라고 생각했던 울창한 밀림은 없었다. 그때의 참상을 잊은 듯 아직 여물지 않은 벼들이 서 있는 푸른 들녘. 꽃이 되지 못한 꽃들의 비문, 아픈 이름들이 풀밭 위에 여기저기 쓸쓸하게 누워 있었다. 그때의 상처를 아프게 말하고 있었다.

바람꽃 이름으로

사라오름에서 변산바람꽃을 보았네
땅을 헤집고 낙엽을 들추고 갸웃이 고개를 내밀었네
씨 뿌리는 절기 잊지 않고 찾아와 주었네

작고 여린 것들이 맨몸으로 바람에 몸을 지탱하고 있었네
한참 동안 가까이 눈을 맞추었네
바람보다 더 많은 종의 바람꽃이 있다는 걸 그제야 알았네

왜 바람꽃일까
꽃이 아닌 바람에게 묻고 싶었네
알 것 같은 그러나 정녕 알 수 없는,
그저 내 삶의 화두 같은 바람을 생각했네

먼 산에게 나무에게 허공에게 구름에게
바람, 하고 소리쳤네
멀리서 묵직한 울림이 따라왔다가 되돌아갔네

마음 밖에서 구하지 마라*

은자는 오늘도 죽비로 등짝을 후려치지만
마음 밖에서만 구하려고 애쓰고 있는
나는, 기다리다 지쳐갔을
바닷가 고향집 녹슨 자물통을 생각했네

교복을 입은 열세 살 단발머리 소녀들이
흑백사진 속에서 웃고 있네
두고 온, 시들지 않는 오랜 기억 속 절기들을
흰 바람꽃의 이름으로 하나하나 불러보았네

---

* 임제록(臨濟錄)에서 차용.

너에게만 말해 줄게

오늘밤 나는 저곳으로 갈 것이다
송장 자세로 손등을 바닥에 뉘이고 고요히 누워 있다
그 길로 가는 길목은
숨은그림찾기처럼 위장술을 쓰고 있기도 해서
우물가 목백일홍 나무에 사과가 달려 있기도 했다
깊은 잠에 이르러야 행복한 벌거벗은 나무들이
불면증 처방전을 이마에 붙이고 숲속에 길게 줄지어 있다
한솥밥을 먹었던 귀신들을 찾아 나선다
엄마 아버지 내가 모르는 할아버지 할머니 그리고
비문에서 보았던 할아버지의 아버지도 찾았다
우리는 서로를 확인하며
이산가족처럼 울음을 터트리다가
언제 그랬냐는 듯 이야기꽃을 피우다가
누런 이빨과 성성한 흰 머리칼을 한 가족들과
낄낄거리며 웃기도 했다
여기서는 이승을 저승이라 했다
발전한 이승을 모르는 듯 할아버지는
옛날에 머무르고 있었다

할아버지는 친구의 증손자 안부를 묻기도 하며
너에게만 말해 줄게
신비한 표정을 지으며
바람은 이승과 저승을 모두 아우른다고 가르쳐 주셨다
정녕 궁금한 내 행복이나 미래에 대해선
그건 너만이 알 수 있는 거라고 하셨다
나는 내심 신통한 한방 같은 걸 기대했다가
귀신처럼 알고 있다는 말이
모두 맞는 말이 아닌 것을 알고
잠시 실망에 빠져 있을 때
할아버지의 움푹 파인 눈에서 순간 푸른빛이 일었다
멀리서 새벽 범종 소리 은은하게 들려오고
이곳과 저곳의 경계쯤에서
툭 꽃송이 터지는 소리 들렸다
나는 아직 진짜 귀신이 될 수 없음을
그때 알았다
습관처럼 아이새도로 눈두덩을 깊게 하고

긴 속눈썹을 붙이고 붉은 장미 같은 립스틱을 바르고
경쾌한 발걸음으로
사람 무늬를 새긴 옷을 입고 저승을 빠져나왔다
내가 잠시 저승의 불법체류자인 것을
아무도 알아채지 못했다

통점

문득 뒤돌아보니

내가 걸어온 저 멀고 아득한 길이

고작 숟가락 품안이었네

세입자

네모난 공간 지나
어디로 가는지 알 수 없는 길 하나 있네

둥근 테 안에서 묵묵히 걷고 있는 폭이 다른 두 발걸음
방향이 같은 것은 까닭이 없네
노란 머리카락 우수수 떨어지는 화분 속 알로카시아
시간을 놓치고 말았네
홀가분하다고 잠시 외치던 월세의 자유가
멀리 날아오르지 못하네
티비에서 북녘의 서늘함이 흘러나오네
겁 없어 보이는 눈빛이지만 실은
겁 많은 눈빛임을 알겠네
창문으로 앞집 감나무를 바라보는 일
에이형 의자의 일상이라네
집과 집의 거리
이끼 푸른 담장은 경계를 모르는데
나는 굳이 벽을 두었네
돌 등에 나앉은 풍란이

세입자처럼 마음을 다잡지 못하네

언제나 웃고 있는 사진 속 나
서성이다 갈 곳 없어 집으로 가네
정녕 집은 없네

다이어트

하루를 헐렁하게 건너가고 싶어서
집안일을 가지런히 밀쳐둔다
책이 샌드위치처럼 포개져 있다
두꺼운 종이의 더께를 가늠해 본다
건조한 문장의 뒤태를 슬쩍 훔쳐보다가
미안함에 머리를 긁적긁적하다가
리모컨에 손이 간다
책장을 넘길 때마다
덜컹 냉장고 문이 열린다
문장들이 일렬로 줄을 서서 졸고 있다
오늘처럼 비가 내리면
바닷가에 가고 싶다고 쓴다
냉장고 안 잡다한 생각들이
별 쓸모없는 것이라고 억지를 부리다가
책의 말을 놓치고 말았다
그러나 실은 귀가 따갑도록 들어왔던 말이다
다이어트의 십계명
침묵하는 말들이 빼곡히 서 있는 옆을 지나

벽에 기대어 짐승처럼 울고 있는 자막을
리모컨이 지운다
십계명을 주문처럼 외운다
언제까지 인내가 필요한 것인지

살구나무

비 오는 날
담장에 기대어 서 있는
살구나무의 표정을 살폈다
날개를 다 적시며 울던 새를
기다리고 있던 것일까
눈이 파랗게 젖어 있었다
안으로 들어갔다
바깥이라고 했다
노란 햇빛의 불씨를 지피고 싶었다
담장에 턱을 괴고 있는
푸른 아이들
온몸이 다 젖어 있었다
가만히 껴안아주고 싶었다

제3부

들꽃

온 들녘에 제멋대로 뿌리내리고 꽃을 피우는 풀들

비록 무분별해 보이지만

그것은,

내가 지상에서 본 가장 아름다운 질서였다

안녕 분홍

벚나무 가지에
분홍분홍 꽃 필 때
그것이 벚나무의 꿈인 줄 몰랐을 때
목련, 목화솜 이불처럼 하얗게 부풀어 오를 때
그것이 목련의 꿈인 줄 미처 잊고 있을 때

벚나무에서 나는 얼마나 멀리 왔으며
목련에선 또 얼마나 멀어진 것인가

목 늘어진 양말을 신고
헐거운 브래지어 훅을 채우고
이 빠진 머그잔 커피를 마시고
벚나무를 모르고
목련을 모르고
누추인 걸 모르고

표정 없는 벽처럼
화분 속 뿌리처럼 왜 여기에 서 있는지

안녕 목련

우리 이제 얼굴을 터야 하지 않을까

나뭇잎 흔들리듯이

섬을 찾아 가듯이

밤, 구조 신호를 받다

배배 꼬인 오후가
바싹 마른 콩꼬투리마냥 비틀어진다
갓 저녁이 낮을 지우고 밤을 만든다

소리에 놀라 튀어 나간 눈빛들이
허공 끝에 닿았는지 먼 곳에서 손을 흔든다

안녕 어서 와
여긴 모두 네 편이야 오늘밤 편히 쉬어

칠월의 폭력 앞에
축 처진 나무들의 어깨
밭고랑을 기던 기진맥진한 아낙
종일 뜨겁던 샐러리맨의 구둣발
페인트공 박 씨의 목까지 삐져나온 땀띠

하루가 만들어놓은 까만 행성 안에서
작은 배를 탄 우주의 세입자들이

낮의 부채를 청산하고
둥그렇게 몸을 말고 누워 있다

별 그늘은 어둠 쌓이는 저녁부터
부지런한 사람들 잠 깨는 새벽까지
밤새워 울던 귀뚜라미 울음 희미해질 때까지
기억에는 없는 어머니 자궁 속 같은 아늑한 밤이다

모란

오월이
모란꽃 송이송이 호명하고 있다

햇살 가득한 정오
나는 배경이 된 초록을 읽다가 자주 아득해진다
누구일까

미타전 앞
몇 생을 건너왔는지 알 수 없는
아린, 천 년 전 사랑 같은
붉은 꽃잎 앞에 두고

무채색이 된 나의 무늬
열세 살 초경처럼 붉어지는데

두고 온
겹겹의 꽃잎 사이로 난 길 따라 가면
화엄의 길 하나 거기 있을까

지상이 아름다운 이유를

간혹 잊고 지낼 때가 있다

말매미 새집에 들다

지친 노구를 끌고 와 꽃밭에서 생을 마감한
말매미 한 마리
풍장의 시간을 보내고 있다

세 들어 살던 감나무 집 아래
풀씨들 찾아와 흰 꽃으로 장식한 아담한 관 속
나무에 붙어 있는 자세로 엎드린 채 누워 있다

평생 걸쳤던 낡은 육신을 벗어던진 후
몇 번의 비가 더 내리고
햇살들 앞다투어 찾아들면
낡은 몸뚱이는 왔던 곳으로 서서히 스며들 것이다

생전에 얼마나 웃고 울었는지
지상에서 보낸 짧은 삶은 따뜻했는지
물끄러미 바스러진 날개를 내려다본다

위로를 전할 상주 없는 관을 내려다보며

짧고 뜨거웠던 노래를 떠올리며
등짝을 덮은, 한때 빛나고 환했을 날개를 생각하며

우주의 세입자가 떠난
감나무 빈방 창가를 한참 동안 바라다보았다
골목을 지나온 바람이 마당으로 들어서고 있다

강가에 서 있었다

알몸의 모래알들이
층층 겹겹이라는 말을 하얗게 말리고 있었다
모래톱에 발목이 푹푹 빠졌다
큰 몸 하나 누워 떠가는 강가에는
백로도 물거미도 고마리풀도 보이지 않았다
강가에서 놀다가 떠내려간 고무신 한 짝을 따라간
아직도 돌아오지 않는 어린 영혼이 손가락으로
자꾸 물결무늬를 만들고 있었다
어디선가 까르르 웃는 천진한 웃음소리가 들려왔다
햇살이 약속이나 하듯 일제히 맨발로 뛰어나와 놀고 있었다
물결들은 낮은 곳으로 내려갈 때 더욱 싱싱해지며
세차게 흘러갔다
문득 물줄기의 시작은 어디일까 거슬러 올랐다
작은 모천에서 탯줄을 꼬리에 단 물줄기가
맑은 얼굴로 따라 나왔다
어린 저것이 발걸음을 떼고 몸집을 키우고 거대해지며
마침내 바닷가 작은 마을에 닿아
모래톱에 제 이력 흘림체로 새겨놓고 더 큰 바다로 떠나가

는구나

모래더미 속에는 얼마나 많은 강물의 시간이 살고 있을까 생각하면

강물 따라 오늘이 먼저 도착했다

하얀 모래알 층층 겹겹

어제가 소리 없이 스미고 있었다

때 늦은 눈발이 간간이 강물 위에 내리고 있었다

채무자
—구름에게

너는 빚쟁이

전생의 빚 다 갚아야

지상에 내려앉을 수 있다

고백

"참 추하게 살았습니다."라는
어느 시인의 고백을 들었습니다

부끄럽습니다
나는 추한 줄도 모르고 살았습니다

오늘의 청년

가게 문을 막 닫고 집에 가려는 시간
한 청년이 찜질방을 묻는다

경비를 아끼려는 여행객이려니 생각하다가
유달리 밝은 표정에,
서둘러 문을 닫고
저만치 가고 있는 청년을 차에 태웠다
찜질방은 걸어가기에는 조금 먼 거리에 있었다

서울이 집이며 조리사 기능이 있어서
식당일을 하려 한다고
월세방의 숫자를 셈하며
낯선 곳에서 한번 도전해보고 싶다고

찜질방 앞에 청년을 내려주고
돌아서는 등 뒤에
성공을 빈다고 손을 흔들어주었다

현실을 온몸으로 부딪치며 서 있는
오늘의 가로등 불빛이
유난히 밝았다

휘파람새 여자
—자작나무

휘파람새 영혼을 가진 여자
하늘 멀리 날아가다가
오늘은 자작나무 숲에 닿았다고
자장자장 손 흔드는
자작나무 가족사진 바람에 실려 왔다

얇은 옷 한 벌로 혹한을 견디며
남방한계선에 터전을 잡은 표피 하얀 나무
초록 손 내밀고 있다

닳은 신발을 딛고 표정도 없이
남쪽 섬에 사는 나는
섬휘파람새 한 마리 가슴에 가둔 채
이름으로만 알았던 나무, 밤의 숲을
자장자장 재우곤 할 거라고 생각만 했던

여리지만 강한 그녀, 가슴에 남은 침침한 것들을
자작자작 태우고 싶었는지 모른다

휘파람새처럼 노래하고 싶었는지 모른다

인형 눈 붙이기 양복 단추 달기 실밥 정리를 했다는 그녀
길을 가다가 누군가의 옷에 실밥 달린 것을 보면
지금도 눈에 거슬려 애가 터진다는 그녀가
동그랗게 입을 모아 휘파람을 분다
휘휘 휘리릭 휘이

노란 시간

숲속에 잎을 다 떨어뜨린 나무들이 서 있습니다
추위에 몸이 언 나무 그리고
백 년 전 시간이 달려 있는 나무도 있습니다

표피에 달린 스위치를 꾹꾹 눌러봅니다
노란 시간이 켜집니다

벌거벗은 나무들은 정체된 시간을 잊고
오롯이 초록을 생각하며 초록 병을 견디며
기다리는 것일까요

잎사귀 떨어진 뼈다귀만 남은 나무를
휘감아 타고 오른 사철 푸르른 까막나무 손등이
월요일처럼 지루하게 읽힙니다

첫눈을 맞은 긴 몸이 움츠려듭니다
벌거벗은 나무에게 인사를 건넵니다 안녕
나무의 발가락 사이로 첫 눈물이 스며듭니다

지루함을 견딜 수 있도록
명상의 복식호흡을 주문합니다
호흡을 가슴 깊이 끌어올리는 나무들

노란 시간을 잊고
초록 시간이 올 때까지 상냥해질 때까지
기다릴 것입니다

정선으로 간 여자

절집에서 할머니가 된 정선아리랑 같은
나보다 스무 살이 많은 그녀가
고향 정선으로 돌아갔다

가끔은 분홍색 달이 떴으면 좋겠다고
상상의 나래를 펴곤 했던
열일곱 소녀 같은 그녀가

풀고 있는 추억의 끈을 따라가면
희미해진 낮달 같은 지난날이 엊그제 일처럼 새로워져
분홍색 빛나는 저녁이 된다

있지, 나는 그 남쪽 섬이 제일 좋았어
달빛 속에 갇힌 구계등 밤바다
파도 소리 아득히 들려온다
우리는 다시 그 시간으로 돌아갈 수 없어서

수평선 너머 아득한 곳에서

지나간 것들이 손을 흔든다, 안녕

가끔씩 정선으로 전화를 한다
그녀에게 감염된 분홍의 바이러스로
나는 또 몇 날을 멧새처럼 포롱포롱 날아갈 것이다

진구

나는 개를 키우고 싶지 않았다고 말했다
그들과 제대로 된 이별을 해본 적이 없다
생후 육 개월쯤 몇몇 집을 전전하다가
우리와 가족이 된 진구는 흰 수컷 발발이다

좋으면 한번 웃어 보라고 했다
할 말 있으면 말로 하라고 했다
진구는 언제나 말이 없었고 나는 또 진구가
알 수 없는 말을 하곤 한다

그러나 우리는 서로를 너무 잘 알고 있다고 믿는다

아프다는 말을 하지 못한 진구는
요로결석 수술을 두 번 했고
하루만 더 늦었으면 다시 돌아올 수 없는
먼 길을 떠났을 것이다

우리의 시간 위로 달력의 마지막 장이

열 번쯤 지나갔다
언젠가 나보다 더 먼저 마지막
통과의례를 치를 것이다

나는 그때 어떻게 작별해야 하는지
그 마음의 자세를 가끔씩 생각해볼 때가 있다
그날이 오면 진구의 흰 털을 깎아
치자나무 밑에 심을 것이다

싱싱한 햇살이 치자나무 푸른 이파리 위에
물감처럼 번지고 여름이면
흰 털이 뭉클뭉클 꽃으로 피어나고
우리는 서로 애잔한 눈길을 주고받을 것이다
나는 또 개를 키우고 싶지 않다고 말할지도 모른다

노란 소국

지난겨울 쓰레기통 옆에 버려진 화분 속 마른 소국을 꽃밭에 옮겨 심었다.

어느 날 세상 가장 편안한 모습으로 노란 소국 한 무더기가 피어올랐다.

미움도 잊고
마음이 따뜻해졌다.

제4부

나의 방식

송악산 아래 바닷가에 서 있습니다. 당신에게 오랫동안 소식 전하지 못한, 오늘 소식 한 척 띄웁니다 가볍게 살고 싶었지만 결국 유배처럼 섬에 닿았습니다. 문득 정신을 차려보니 스무 해가 흘러갔습니다.

불혹의 사십이 파도에 밀렸나 봅니다. 격랑의 바다 위에 선 배 위에서 망연자실했던 때가 주마등처럼 스쳐갑니다. 수평선과 마주한 섬 끄트머리 송악산, 겨울바람을 맞닥뜨리며 구부정한 해국 한 포기 해안가 언덕배기 손목을 간신히 부여잡고 있었습니다. 겨울밤이면 먼 바다 집어등 불빛을 끌어안고 잠을 잤습니다. 서쪽 하늘 끝 눈시울이 칸나의 꽃잎처럼 붉었습니다.

계절을 신처럼 믿고 삽니다. 오래전 봄이 신처럼 다녀갔고 긴 겨울 지나 다시 봄입니다. 때가 되면 갈 것은 가고 올 것은 다시 올 거라는 믿음, 가볍게 살고 싶은 나의 방식입니다.

그 무렵 마흔 살

어디로든 가야 한다고 생각했지만
어디로도 가지 못했다
포장된 상자 속에서 중심을 잃었다
조용하던 말들이 밤마다 뒤척거렸다
환하던 백열전구의 빛이 탈진했다
밤이 되어도 아무도 돌아오지 않았다
자주 모래바람이 지나가기를 기다렸으나
사막의 안부가 궁금하지 않아서
찾아오는 사람은 없었다
새의 노래가 들리지 않는 귀머거리 나무 옆에
웅크리고 앉아 있었다
귀신의 이마를 갖고 있는 나무 그림자가
조금씩 더 자라고 있었다
파랗게 질린 흰 손톱들이 꿈틀거리며 기어 나왔다
간신히 껍질을 찢고 나온 층층나무 팔이 더디게 자라났다
늦은 봄 흰 꽃의 허물을 가지마다 걸어놓곤 했으나
간간이 날리는 진눈깨비를 받아먹었다고 쓰여 있었다
유난히 폭설이 잦았던 긴 겨울이었다

아무도 모르게 낡아가고 싶지는 않았다
무늬가 되지 못한 채 위태롭게 건너온
간신히 마흔 살이었다

다시 봄, 이승악 숲길

나무 입가에
이끼처럼 번지는 연둣빛 이파리
삼월의 나무는 눈빛이 모두 닮아서

분단나무는 일 분단 이 분단을 생각하며 어린 시절을 기억해야 하고
합죽나무는 뭉툭한 작은 가지 끝을 보아야 하고
때죽나무는 몸통으로 찾아야 한다

적당한 서로의 간격을 위해 제 팔뚝을 스스로 잘라
땅으로 떨어뜨리는 삼나무
제 살 깎는 아픔을 모를 리 없겠지만
푸른 길 함께 가는 고행으로 여기는 듯하다

함께 견디며 겨울을 건너온 나무들이
긴 겨울 여행 끝에서 멀미를 하는지
일제히 토하듯 뱉어내는 연둣빛 잎들

온 산에 연둣빛, 연애 소문처럼 번지고 번지는
소름 같은 가려움증으로
몸에 자꾸 손이 간다
나무처럼 나도 노란 잎눈을 틔우려나 보다

빗살토기

오천 년 세월이 고스란히 담겨 있다
무엇을 오래 담아두고 싶었을까
그때 그 바람과 구름은
지금쯤 어디서 살고 있을까
그 들판은 어떻게 변했을까
내가 보낸 교신이 닿을 수 없는 곳
별빛과 햇살무늬 옷을 입고
오천 년을 담담하게 살아왔다
어디선가 새 한 마리 날아와 앉았으면 좋겠다

설중매

폭폭 눈 쌓인 길 마다하지 않고
먼 길 처음처럼 찾아오신
정한 분홍 손님
차마 집 안으로 들이지 못했다

노랑나비 떼

흑백사진 속에서 날아온
열다섯 살 단발머리 노랑나비 떼들이
머리에 낡은 안테나를 새싹처럼 꽂고
날갯짓을 하고 있어요

교장 선생님의 긴 훈시가 담겨 있는 운동장을 배경으로
오래된 퍼즐을 맞추며 너울너울 날아다녀요

시간을 갉아먹으며 쑥쑥 자란 나비들이
더듬이의 얇아진 숨구멍을
날개의 버석거림을
반성도 없이 안으로 견디며 팔랑팔랑 날고 있어요

희미한 날개 문양을 읽으며
시린 발목을 잊고 오늘은 지루하지 않다고
깔깔깔 웃으며 하늘하늘 날고 있어요

벽시계가 만든 길 따라

없는 뜻을 뜻이라 여기며 여기까지 날아왔어요
우리의 날개가 더 단단해질 수 있도록
물을 주고 햇살을 심어야 해요

기억 속 낡은 무늬를
가을 햇살에 하얗게 태우고 있어요

오늘 퍼즐 게임은 모두 성공이라고 믿는 눈치예요
짧고도 긴 오십 년의 시간이 일박 이일로 요약되었어요
푸른 우리에 대해 다 말하지 못했어요
단단하고 까칠한 상자 속으로 모두 돌아갈 거예요

안녕 친구들
해 기우는 늦가을 오후를 아무도 사랑하지 않았어요

용머리 해안

바람의 포구 사계리 해안
원생누대의 박제된 바람 뼈가 묻혀 있다

끝없이 깃을 치는 파도의 하얀 날개
바람 뼈를 묻은 암벽이 가슴을 드러내어
길을 내었다

백만 년을 살아온 암벽을 보려고
문명의 사람들이 몰려들고 있다

오랜 연대기
거친 검은 암벽의 시간 속으로 걸어간다

먼 바다를 건너온 바람이
걸어온 길의 흔적을 지우며
끝없이 암벽에 부딪친다

사장된 바람의 뼈가 묻혀 있는 해안가

층층 쌓인 바람의 앙상한 뼈가
서로를 단단히 받치고 있다

젖다
—용흥사에서

지상으로 뛰어내려 일부는 젖고 더러는 땅으로 스미고 또 더러는 고여 있고 급한 것들은 발 빠르게 무리 지어 낮은 곳으로 향하는 흔적 없는 발자국을 본다

저 발자국들이 왕조의 시간을 기억하고 있는 느티나무의 서늘한 가슴을 적신다 미륵대불의 흰 옷자락을 한 올 한 올 다 적신다 보제루 처마를 흥건히 적신다 생각에 젖어 있는 숲을 한 번 더 적시고 난 후 작은 물길 따라 낮은 둔덕을 넘어 계곡으로 흘러간다

말수 없는 처사 같은 늙은 배롱나무도 빗소리에 귀 기울이는 여여한 풍경도 범종의 푸른 종소리도 젖는, 고요를 때리는 빗소리 목탁새 소리 여운 같은 떡비 오시는 추석날 오후

다시 안동에서

병산서원 앞에서 강물은 서서히 더디게 흐르고 있었다. 가는 곳 알고 있는 듯 손잡고 함께 가고 있었다. 맹개마을 앞에선 생각에 잠긴 듯 고요히 천천히 가고 있었다. 발등 고운 발이었다. 저렇게 평화롭게 걸어가는 걸 모천에게 타전하고 싶었다. 염려 마시라고.

물에도 꼬리가 있는 걸 알았다. 길게 연하여 부드러웠다. 칼선대에서 본 강물은 허리를 잠시 펴고 쉬어가는 듯했으나 가끔씩 뒤척이는 녀석도 있었다. 산허리를 휘감고 여와 소를 지날 때면 흰 꼬리를 하얗게 드러내기도 하며 까르르 웃기도 했지만 싱싱한 발랄함이 아름다웠다.

혼자서 처음 걸어 나왔던 신작로 같은 길, 하얀 꼬리로 흔들리는 몸통의 균형을 잡으며 앞다투지 않고 하나가 되어 걸어간다. 남아 있는 그때의 시간들을 강물에 천천히 흘려보낸다 안녕히 강물. 생은 물처럼 흐르지 않는다는 걸 알고 있지만 우리는 왜 그때 하나로 흐를 수 없었는지, 물의 바깥은 지금쯤 어떤 모양으로 변했는지 강물에게 묻고 싶지는 않았다.

빨간 장미

표정 없는 아침
사각으로 접은 시간을 의자에 앉힌다
장미 몇 송이 식탁 위에 꽂혀 있다
먹어도 배가 부르지 않는다

오늘은 비가 내렸으면 좋겠어
축 늘어진 수국 이마가 후끈 달아올랐으면 좋겠어
날씨를 주문처럼 외우며
창밖을 바라보면

좁다란 골목길
긴 허리 휘어잡은
빨간 장미 한 무더기
늙은 콘크리트 담장을 올라타고 있다

날마다 새로운 표정으로 착함을 가장하던
뒤통수를 좋아한 새빨간 입술
내 돈 떼먹고 도망간 여자의 입술

어디서든 잘 살기를 기도한다
다시 만날 날을 기다린다
나는 수국 잎처럼 넓어지지 않을 것이다

등대 2

나는 늘 여기 서 있을 것이오

당신이 있어 나는 비로소 내가 되는 것이오

당신 가시는 길 사목사목 바라보며

수평선 너머의 너머를 생각하오

행운동

달동네 봉천동 살 때
연탄 오십 장 들여놓으면 그저 오지고 마음 든든하던 때
동그라미 친 달력 월급 날짜를 몇 번이나 쳐다보는데
연탄 똑 떨어지고
허옇게 탄 몸뚱이 가루가 되도록 살아내는
아버지 같은, 연탄 한 장 새끼줄에 꿰어 들고 오르던
신혼 시절 봉천동 언덕길

가파른 긴 언덕길 행운처럼 늙어갔고
지친 발걸음으로 살아낸,
지금은 행운동이라 부르는 봉천동

산 그림자

여름 산이 저수지로 내려왔다

산은 가부좌를 튼 채 저를 잊은 듯 명상에 들었다

천진하게 놀고 있는 물 위 햇살들

흰 구름 몇 장 다 젖었다

해설

결코, 정주(定住)할 수 없는

고영 시인

길 끝에는 집이 있다. 그러나 모든 길이 집에서 시작하는 것은 아니다. 따라서 모든 길 끝에 반드시 집이 있어야 한다는 것은 명백한 배리(背理)다. 집과 길은 평면의 두 점으로 이어져 있지 않다. 오히려 시공간에서 끈적한 액체처럼 '사이'를 유동하게 하는 두 힘이라고 해야 한다. 시인에게 집과 길은 모두 언어와 관련한다. 집은 존재의 근거로서 언어이고, 길은 존재를 존재하게 하기 위한 '짓기' 과정의 은유이다. 집과 길은 원형 이미지지만, 존재 근거로서 언어와 '시작(詩作)'이라는 유동하는 '사이'를 제거하면 다양한 변주가 가능해진다.

이윤승 시인의 시집, 『사랑이거나 다른 종이거나』는 '이미 지나왔으나, 미완인 길'에 대한 성찰적 이미지로 가득하다. 또한 '이미 떠났지만, 아직 머무르고 있는 옛집'에서 비롯한 사유의 탐색적 발견으로 가득하다. 시인은 존재를 유동하게 하는 두 개의 근원적 힘으로서 '집과 길'을 임의 지점에 올려놓고 수시로 시간을 왜곡한다. 과거에서 현재를 거쳐 미래로 흘러갈 뿐이라는 시간의 고정관념을 거부한다. 이때 시인이 창조하는 시적 시간은 '옛집'의 이미지 틈으로 번져 지금-여기를 따스하고 애틋하게 적신다. 그러나 균형이 무너지는 순간, 시간은 시인의 분발을 요구하고 채근한다. 길 위에서의 사유는 갈라진 곳과 끊어진 지점에 대해 골몰할수록 더 깊어진다. 이윤승 시인은 자신의 근원과 시인으로서의 지향이 갈라선 지점, 혹은 그것이 전혀 다른 질감의 이미지로 표출되고 있음을 충분히 자각하고 있다. 그런 관점에서 볼 때 이번 시집은 이 두 힘과 사태 '사이'에서 고심한 기록이며, 자기 자신을 오롯이 비추는 '등대'를 세우고자 하는 간절한 염원의 결정(結晶)이라고 할 수 있다.

벽 안에 갇힌 채
어둠을 단물처럼 음미하면서 단련되었다
단련된다는 것은 콘크리트의 이빨이 다 빠지도록
살아내는 것이다

비명을 끌어안은 나뭇등걸처럼

그는 전생의 어느 망치로 살았길래
지금은 되돌려져 못이 되었나

녹슨 시간들이 벽 안에 실핏줄처럼 번져 있다
오도 가도 못했다는
그림자 같은 말만 하고 있다
벽 안의 소심한 주관자임을 자백하고 있다
저 벽을 들어 올릴 수는 없을까

백 년 후쯤
벽이 바스러져 조금씩 가루로 흩날릴지도 모른다
언젠가는 콘크리트 같은 단단한 벽을 돌다리처럼
딛고 건너는 날이 올지도 모른다

오지 않을 시간일지라도
허방이라 해도 기다릴 것이다
확률은 낮겠지만
이미 너무 늦었지만

—「백 년 후」 전문

위 시는 '벽'이라는 매개체를 통해 주체와 객체가 뒤바뀌는 순간의 경험을 형상화한 작품이다. '벽'은 단단한 질감만으로도 충분히 위압적이며 그 견고함은 시간마저 차단할 수 있을 것 같다. 하지만 '못'은 '벽'이 세워진 이후에 설정이 가능한 존재이며, 기능이 다하면 언제라도 뽑혀 쓸모를 다할 한시적 존재로 여겨진다. 시인은 이 일반성에 '백 년 후'라는 시간을 대입하여 사태의 전모를 다른 방향에서 바라보고 생각한다. 다른 시각으로 해석한다고 해도 무방하다. '못'은 비록 "벽 안에 갇힌" 무력한 존재지만 또한 "어둠을 단물처럼 음미하면서 단련"된 존재이다. 그 사실은 시인에게 "단련된다는 것은 콘크리트의 이빨이 다 빠지도록/살아내는 것"이라는 명제를 경험칙으로 보여준다. 비록 "벽 안의 소심한 주관자임을 자백"하지만 '못'이 '벽'의 부수적인 존재로서의 자기 운명을 순순히 수락하지 않았다는 것만은 분명하다.

작품의 후반부에서 시인은 "백 년 후쯤" 시간이 지난 뒤 못이 벽으로부터 해방되는 날을 상상해본다. 아니 '못'이 본래 자기 모습으로 돌아가는 상황을 상상한다. "벽이 바스러져 조금씩 가루로 흩날릴지도 모른다/언젠가는 콘크리트 같은 단단한 벽을 돌다리처럼/딛고 건너는 날이 올지도 모른다"의 추정이 그것이다. 여기서 "모른다"의 추정은 결코 부정이 아니다. 이는 "오지 않을 시간일지라도/허방이라 해도 기다릴 것이다"라는 각오를 강조하기 위한 전제, 혹은 '못'의 사태를 시인의 의지로 전환하기 위한 수사 장치일 뿐이다.

문득 뒤돌아보니

내가 걸어온 저 멀고 아득한 길이

고작 숟가락 품안이었네

—「통점」 전문

'통점'은 통증이 집중하는 지점이나 지속해서 통증이 나타나는 데를 일컫는다. 그걸 염두에 두고 시를 읽으면 "문득 뒤돌아보니"라는 행위에 회한이 스며들 여지는 없을 것 같다. 여기서 시인이 발견한 '통점'이 '길'과 관련한 것이기 때문이다. 구체적으로 "저 멀고 아득한 길이//고작 숟가락 품안이었네"라는 것인데 "멀고 아득한"을 시간의 오랜 경과가 아니라 긴 시간으로 읽을 수 있다면 "숟가락 품안"은 소위 일상, 방편으로써의 생활이라는 좁은 틀로도 해석할 수 있겠다. 누군가 왜 열심히 생활한 것이 '통점'이 되느냐고 반문할 수 있겠지만, 의당 그래야 할 것에서 일말의 아픔을 느끼는 것이 오히려 시인의 진정한 자각일 것이다. 실제 시인은 다른 작품에서 "참 추하게 살았습니다."라는/어느 시인의 고백을 들었습니다//부끄럽습니다/나는 추한 줄도 모르고 살았습니다"(「고백」)라고 당당하게 밝히고 있다. 자신을 '벽'이 아니라 '못'으로 치환하거나, "숟가락 품안"에서 긍지 못지않게 부끄러움을 찾아내는 것이 이윤승 시인만의 특질이라 할 수 있겠다. 그것은 그의 성품에서 발화한 진솔함의 힘이다.

이번 시집에서 '못'은 이윤승 시인의 상징 이미지로 중요한 역할을 한다. 그것은 몸과 생각—유추하자면 생활과 시작(詩作)의 비유로 작동한다. 가령, "먼 눈빛으로 사람들이 벽이라 느낄 때/못은 꽃잎처럼 날개를 펴고 창공으로 그 너머로/마음껏 날아가고 있는 것"(「벽도 창공이 될 수 있다고 못은 생각했다」)이라는 표현에서 드러나듯 시인은 '벽'을 '창공'으로 환치함으로써 '못'이 '꽃잎'처럼 활공할 수 있는 자유를 갖게 된다고 믿는다. '못'과 '꽃잎' 사이, 혹은 경계의 사물로 시인은 '옷'에 주목하기도 한다. 옷은 못에 걸려 있지만 벽에 구속되지 않으며, 어떤 상황에서는 꽃잎처럼 허공을 활공할 수 있는 자유를 갖고 있다. 그 자유는 "아프다는 말 대신 노래를 부르고 싶습니다 철없이/나도 알 수 없는 텅 빈 미소를 지으며/코끼리처럼 초원을 걸어가고 싶"(「옷의 사유」)다는 시인의 강한 염원에서 비롯한다.

시인의 현재 시점에서의 인식은 "지난날의 절망을 지우고 미안함을 지우고/아름다운 노래가 될 때까지 기다"(「네가 햇살이 될 때까지」)리는 기다림의 시간이거나 "때가 되면 갈 것은 가고 올 것은 다시 올 거라는 믿음, 가볍게 살고 싶은"(「나의 방식」) 삶의 방식을 통해 유추해볼 수 있다. 따라서 시인에게 현재는 딱딱한 것, 경직성, 붙잡혀 있는 어쩔 수 없는 상황

등 주로 광물성에서 비롯하는 더딘 시간을 특징으로 표현된다. 이에 반해서 '지나온 길', 즉 과거는 그 자체로 고정된, 불변의 사태가 아니라 '구름'처럼 어떤 부유성을 가지고 수시로 시인의 현재에 출현하는 양상을 보인다.

본 적 없는 식물을 심었다
그 후부터 나는 기다린다
돌아오지 않을 아버지를
사라진 생각들의 이름이 좀처럼 지워지지 않는다
나를 버려다오, 아버지가 촛불처럼 흔들리며 말한다
희미해진 아버지 얼굴에 손을 얹으며
내 피가 바람의 피였구나 생각한다, 아버지를 들추며
모래 무덤 속으로 발을 거두는 구름
아버지의 아버지를 본 적은 없지만
염색체를 재생하곤 하는 잘린 나무의 밑동을 보면 알 수 있을 것 같다고
구름에게 말을 건넨다 그때마다
나는 하늘을 짚고 서 있는
식물의 숨구멍을 생각했다
지도 위에 구름이 떠다닌다
부활을 꿈꾸고 있는 구름에게 발톱을 붙여주었다
하늘을 흘겨보던 손톱을 자주 깨물던 소녀가 꽃집 앞을

지나 선착장에서

평평한 바다 끝 무덤을 바라본다

오래전 버려져서, 잊힌 아버지가 쓰이지 않는 말을 하며

본 적 없는 식물처럼 자꾸 자라고 있다

—「아버지가 자라고 있다」 전문

미완이라는 것은, 특히 '길'과 연관해 생각했을 때 아직 가야 할 거리가 남았다는 사실과 이미 도달했어야 할 지점에 미처 도착하지 못했다는 사실을 이중적으로 함축한다. 이때 '미완'은 현재진행형이 되어 지금 이 순간—여기를 존재의 중심, 혹은 구심점이 되게 한다.

시인은 "본 적 없는 식물을 심었다"고 진술한다. 여기서 본 적 없다는 것이 굳이 미지(未知)가 될 필요는 없다. 잘 알면서도 실제 경험으로 부족한 어떤 것일 수도 있다. 이후부터 시인은 "사라진 생각들의 이름이 좀처럼 지워지지 않는" 상태에서 "돌아오지 않을 아버지"를 기다린다. 이 기다림은 결과로써 실현을 바라지 않는다. 오히려 "내 피가 바람의 피였구나"라는 자기 확인이 필요할 뿐이다. '아버지의 아버지', '염색체' 등이 지시하는 가계(家系)의 어떤 내력은 가령, 「휘파람」에서는 "오래전 누군가 우연히 불렀을 첫 휘파람이/내 몸 어딘가를 떠돌고 있었구나/나도 모르게 핏줄 어디쯤 가두어" 거기에 참여한다는 긍정적인 역할을 하기도 한다. 하지만 그것은 어

디까지나 바람의 형태로 가끔 출현하는 것일 뿐, 시인의 현재와 인식을 전부 바꿔놓지는 못한다. 작품 후반부에 등장하는 '꽃집'과 '선착장'을 대비해서 읽으면, "하늘을 흘겨보던 손톱을 자주 깨물던 소녀"가 "부활을 꿈꾸고 있는 구름에게 발톱을 붙여주었"던 이유가 고스란히 드러난다. 그것이 가능한 것은 아직 미완이기 때문이다. 또한 "오래전 버려져서, 잊힌 아버지가 쓰이지 않는 말을 하며/본 적 없는 식물처럼 자꾸 자라고 있"기 때문이다. 그럼에도 "나는 늘 알 수 없는 존재를 사랑하곤 했다/문장이 완성되지 않았다"(「사랑이거나 혹은 다른 종(種)이거나」)는 고백에 닿기까지는 아직 지나야 할 지점이 몇 개 더 남아 있다. 비약하자면 "문장이 완성되지 않았다"라는 것은 미완이 아니라 지향의 철저성이라는 의미를 함축한다. 되풀어보면, 시작(詩作)의 계기에 대한 시인의 성찰적 인식을 드러낸다. "숟가락 품안"에서 '피(가계)', '휘파람'으로 시적 계기가 변한 것은 분명히 확장이지만, 외연의 확장에는 반드시 짚고 넘어가야 할 단계가 있다. 그것은 옅어지거나 짙어지는 것이다.

쌀가루 같은 흰 꽃잎 몇 줌,
칠월의 베릿내 앞바다에 뿌려졌다

노을의 지층이었을까

저곳이 화엄세상 아니겠냐고

언젠가 우리 가야 할 길이라고
뚜벅뚜벅 먼저 걸어간 발자국을 본다

하얀 꽃잎 심어진 앞바다를 하염없이 바라보곤 했을
광명사 새벽 종소리 들려오면
서늘한 잠에서 깨어난 하얀 꽃잎이
못다 쓴 문장을
적요의 필설로 푸른 물결 위에 풀어놓곤 할 것이다
허리 꼿꼿이 세우고
지금쯤 어느 바람결로 바닷길 내시는지

흰 초승 낮달
무너진 그늘을 다 건너야 한다

—「문장의 적요」 전문

시인은 누군가의 '적요'한 문장에 이어 "칠월의 베릿내"가 뿌려진 일몰의 바닷가에서 "노을의 지층"을 보고 "화엄 세상"을 떠올린다. 여기서 "언젠가 우리 가야 할 길이라고/뚜벅뚜벅 먼저 걸어간 발자국을 본다"는 것은 시간의 종말 혹은 유한한 생의 필멸을 환기하지만, 시인은 이미 산화한 어떤 존재를 회상하며 “못다 쓴 문장을/적요의 필설로 푸른 물결 위에 풀어놓곤 할 것”이라 상상한다. 하지만 비록 “화엄 세상”을 지켜보았다 할지라도 시인에겐 아직 “무너진 그늘을 다 건너야” 하는 과제, 아니 단계가 남아 있다. 그 과제 또한 결코, 정주(定住)할 수 없는 길 위에서 이뤄질 것임은 자명하다. 이윤승 시인에게 ‘그늘’을 건너는 일은 “사장된 바람의 뼈가 묻혀 있는 해안가/층층 쌓인 바람의 앙상한 뼈가/서로를 단단히 받치고 있”(「용머리 해안」)는 형상을 풀어 읽어내는 일이 될 것이다.

곤히 잠든 밤마다
돌아오지 않을 사랑에 대해 생각했다

이미 도착한 별빛을 찾아 떠났다
서로 다른 식물의 종이 따라왔다

고인 물처럼 정박당한 시간, 뒤척거리는 새
마네킹처럼 심장을 응시하며 자지도 않고 길바닥으로
소리를 흘려보낸다

아침이 되어도 돌아오지 않은
주소를 잊어먹은 아비를 기다리는 것일까
입 안에 이팝나무 꽃 한 줌을 넣어주던 어미도

이미 돌아오는 길을 잊어먹은 모양이다

구석에 웅크리고 앉아 죽은 적 없는 것처럼 떠 있는
아비 구름 어미 구름을 볼 때마다
먼 행성의 불빛들이 밤마다 찾아왔다
희미해진 옛집을 생각했다

적요한 흰 초승 낮달
바깥이 어두운 내면들
주파수가 다른 소리의 파장을 들으며
이틀째 같은 속도로 비가 내린다
뒤꿈치를 보니 어제 죽은 햇살의 다른 종이다
공중에서 길을 잃은 비문 같은 떠돌이 구름 몇 장 초대
장에 새겼다

나는 늘 알 수 없는 존재를 사랑하곤 했다
문장이 완성되지 않았다

—「사랑이거나 혹은 다른 종(種)이거나」 전문

표제작인 이 작품은 이번 시집의 특질과 지향을 선명하게 드러낸다. 사랑은 늘 지나치게 넓고 여러 층위에 걸치는 관념이라 감정이입 없이 접근하기 어렵다. 시인은 “돌아오지 않을

사랑에 대해 생각했다"고 밝힌다. 물론 여기서 '돌아오지 않음'이 회복 불가능성을 의미하는 것은 아니다. 어쩌면 그것은 사랑이 다른 형태나 방식으로 사방으로 흩어졌거나 퍼져나갔다고 볼 수 있다. 이런 사정을 시인은 "이미 도착한 별빛을 찾아 떠났다/서로 다른 식물의 종이 따라왔다"고 진술한다. 이미 도착한 것을 찾아 떠나는 행위는 기원을 탐색하는 것이고, 다른 종(種)이 따른다는 것은 필연적으로 차이가 발생한다는 의미다.

시인은 밤마다 찾아오는 "먼 행성의 불빛들"을 보면서 "희미해진 옛집을 생각"한다. 그 집은 "주소를 잊어먹은 아비"와 "돌아오는 길을 잊어먹은" 어미와 "손톱을 자주 깨물던 소녀"(「아버지가 자라고 있다」)가 함께해서 '집'이라는 하나의 형상이 완성된 곳이었다. 이제 시인은 "주파수가 다른 소리의 파장을 들으며/이틀째 같은 속도로 비가 내"리는 현재 시점에서서 "바깥이 어두운 내면"을 고스란히 견디고 있다. 이 견딤을 통해 시인은 '옛집'을 그저 시작되었던 장소가 아니라 지금까지 잇대고 있는 '길'의 기원으로 바꿔버린다. 같은 속도로 비가 내리는 상황은 변함이 없지만, "뒤꿈치를 보니 어제 죽은 햇살의 다른 종"임을 확인하게 된다. 뒤꿈치에 새겨진 것은 걸어온 길이지 가야 할 길은 아니다. 그렇기에 어제(과거)는 죽은 게 아니라 다른 시작으로 바뀐 것뿐이다.

숲길을 걸으며, 집을 그릴 때는 왜 꼭 지붕을 먼저 그리는 것일까 생각해본다 그것은 텅 빈 우주에게 누추한 정수리를 보이지 않기 위해서가 아닐까 갸웃해 보다가, 이것은 예덕나무와는 별개의 일이다

뭉클뭉클한 흰 꽃 지붕 아래 이파리들이 푸른 창문을 열고 손 흔들어준다 너는 많이 낯익다 말했다 나는 처음인 것처럼 호기심 가득 찬 두 살 아이처럼 하얀 꽃집 앞에서 걷고 넘어지고 걷다가, 이 또한 예덕나무와는 별개의 일이다

이파리를 엮어 지붕을 완성한 파란 대문 집 문득 예덕나무도 풀도 돌멩이도 나도, 모두 허공이라는 지붕을 떠받치고 있는 우주의 단단한 기둥이라는 생각이 드는, 예덕나무 서 있는 해 기우는 교래리 곶자왈 길

—「예덕나무 앞에서」 전문

작품에 등장하는 '예덕나무'는 식물도감에서 찾아볼 수 있는 개념이기도 하고, 실제 현실에서 만날 수 있는 사물이기도 하다. 또한, 시인만의 특별한 경험을 담은 개인 이미지일 수도 있다. 그러나 "집을 그릴 때는 왜 꼭 지붕을 먼저 그리는 것일까"라는 질문은 인식 발전의 어떤 단계에 대한 회의를 내장

한 보편적 질문이다. 여기에 주는 대답, “그것은 텅 빈 우주에게 누추한 정수리를 보이지 않기 위해서”라는 진술은 시인이 발견한, 아니 발명한 ‘집’에 대한 개별적이면서 동시에 보편성을 함축한 인식이다. 이어 시인은 “이파리를 엮어 지붕을 완성한 파란 대문 집 문득 예덕나무도 풀도 돌멩이도 나도, 모두 허공이라는 지붕을 떠받치고 있는 우주의 단단한 기둥이라는 생각”에 닿는다. 낯익은 것도, 낯선 것도, “호기심 가득 찬” 눈으로 바라본 세상 만물은 사실 다 “우주의 단단한 기둥”이었다는 발견이 이윤승 시인의 시학의 핵심 요체(要諦)라 해도 과언이 아니다. 그렇다면, 이제 시인은 ‘집과 길’, 즉 삶의 생생한 현장에서 이 요체들을 끊임없이 현실의 표면으로 끌어올려 형상화하는 일만 남은 셈이다. 그 무궁무진한 변화를 두 손 모아 기대한다.

문학의전당 시인선 350

사랑이거나 다른 종이거나

초판 1쇄 인쇄 2022년 5월 11일
초판 1쇄 발행 2022년 5월 18일
지은이 이윤승
펴낸이 고영
디자인 헤이존
펴낸곳 문학의전당
출판등록 제448-251002012000043호
주소 충북 단양군 적성면 도곡파랑로 178
전화 043-421-1977
전자우편 sbpoem@naver.com

ISBN 979-11-5896-551-8 03810

*이 시집은 제주특별자치도, 제주문화예술재단의 지원을 받아 제작되었습니다

Jeju 제주특별자치도 JFAC 제주문화예술재단 Jeju Foundation for Arts & Culture